AF384184

LES CENDRES

DE

TURENNE

Par Jules POIRIER

Au milieu d'eux paraît Turenne, leur modèle,
Qui voit de ce grand jour la pompe solennelle
Consacrer ces exploits ;
Turenne! dont la cendre et la noble mémoire
Appartiennent bien plus au temple de la gloire
Qu'à la tombe des rois.

(J. ESMÉNARD.)

PARIS	**LIMOGES**
11, Place St-André-des-Arts, 11	46, Nouvelle route d'Aixe, 46

IMPRIMERIE ET LIBRAIRIE MILITAIRES

Henri CHARLES-LAVAUZELLE

ÉDITEUR

1892

Librairie militaire Henri Charles-Lavauzelle

Paris, 11, *place Saint-André-des-Arts.*

ÉTAT DES OFFICIERS. — CONSEILS D'ENQUÊTE (armée active, réserve, armée territoriale.) — Brochure in-8º de 56 pages.................... 1 »

MARIAGE DES OFFICIERS (recueil des ordonnances, décrets, décisions, circulaires, instructions, notes et modèles relatifs au), par GENOU, lieutenant trésorier de gendarmerie à Annecy. — Brochure in-8º de 64 pages......... 1 25

LE LIVRE DE L'OFFICIER. Conseils et méthode pour l'éducation et l'instruction militaires, par le commandant Dubail. — Brochure in-32 de 76 pages, relié toile................. 1 »

ÉDUCATION MILITAIRE. Traité méthodique, par le commandant Dubail. — Brochure in-32 de 68 pages................. » 30

A B C DU CAPITAINE, par H. Martin, capitaine breveté au 7ᵉ bataillon de chasseurs. Instruction pratique, théorique et morale des jeunes soldats, de la section, du peloton et de la compagnie et des cadres. — Volume in-32 de 188 pages, relié toile................. 1 »

MANUEL PATRIOTIQUE DU CITOYEN ET DU SOLDAT, par Massy, lieutenant au 49ᵉ d'infanterie, chevalier de la Légion d'honneur, du Mérite agricole, etc. — Volume in-32 de 116 pages, relié toile................. 1 »

ÉDUCATION MILITAIRE DE LA JEUNESSE. — LE JEUNE CONSCRIT, par un vieux capitaine. — Volume in-32 de 76 pages................. » 50

CATÉCHISME DU SOLDAT, pour développer l'éducation morale, par le lieutenant F. Chapuis. — Volume in-32 de 128 pages, relié toile................. 1 »

MANUEL DU CHEF DE PATROUILLE opérant contre un adversaire allemand, ouvrage accompagné du *Petit Guide français-allemand*, par P.-A. Veling, capitaine au 17ᵉ chasseurs à pied. — Brochure in-32 de 32 pages... » 25

DRESSAGE DU SOLDAT AU SERVICE EN CAMPAGNE ET AU COMBAT EN ORDRE DISPERSÉ, par M. Faurie, capitaine breveté au 66ᵉ d'infanterie. — Volume in-32 de 104 pages, cartonné................. » 75

GUIDE PRATIQUE DU SOLDAT EN CAMPAGNE (2ᵉ édition). — Volume in-32 de 98 pages, cartonné................. » 60

LES THÉORIES DANS LES CHAMBRES, par le commandant Heumann, O. ⸸ (5ᵉ édition mise à jour).

PREMIER VOLUME : *Éducation militaire du soldat.* — Chapitre Iᵉʳ. La Guerre. Nécessité des armées permanentes. — II. Comment l'on devient soldat. Devoirs des réservistes. Organisation de l'armée. — III. Le drapeau. La croix de la Légion d'honneur. — IV. L'armée et la patrie. Patriotisme. Honneur. — V. Des ruses de guerre. — VI. Notions d'hygiène. — *Appendice* : Convention de Genève. Traitement des prisonniers. Quelques renseignements sur les armées étrangères. *Questionnaire.*

Volume in-32 de 192 pages, relié toile................. » 75

DEUXIÈME VOLUME : *Instruction militaire* (en conformité avec les nouveaux règlements). — Chapitre Iᵉʳ. Service intérieur. — II. Service des places. — III. Service en campagne. — IV. Embarquement en chemin de fer. — V. Mobilisation. — VI. Renseignements pour les troupes en campagne. — VII. Droit international en campagne. — VIII. Outils. Travaux de fortifications (avec planches). — IX. Tir. — X. Progression des théories à faire. — XI. *Questionnaire.*

Volume in-32 de 320 pages, relié toile................. 1 25

L'ÉDUCATION MORALE DU SOLDAT, par E. Coralys. — Vol. in-32 de 84 p. » 60

L'ÉDUCATION MORALE DU SOUS-OFFICIER, par E. Coralys. — Volume in-32 de 104 pages................. » 60

LA VIE MILITAIRE. — Brochure in-8º de 20 pages................. » 60

L'ÉDUCATION ET LA DISCIPLINE MILITAIRES CHEZ LES ANCIENS, par Marcel Poullin. — Volume in-32 de 144 pages, broché................. » 50
    Relié toile anglaise................. » 75

CONSEILS AUX JEUNES SOUS-LIEUTENANTS A LEUR SORTIE DE L'ÉCOLE. — Volume in-32 de 64 pages, broché................. » 50
    Relié toile anglaise................. » 75

DEVOIRS GÉNÉRAUX DU SOLDAT ORDONNANCE. — Vol. in-32 de 80 p., br. » 50
    Relié toile................. » 75

LES
CENDRES DE TURENNE

LES CENDRES

DE

TURENNE

Par Jules POIRIER

Au milieu d'eux paraît Turenne, leur modèle,
Qui voit de ce grand jour la pompe solennelle
Consacrer ces exploits ;
Turenne ! dont la cendre et la noble mémoire
Appartiennent bien plus au temple de la gloire
Qu'à la tombe des rois.

(J. ESMENARD.)

PARIS
11, Place St-André-des-Arts, 11

LIMOGES
46, Nouvelle route d'Aixe, 46

IMPRIMERIE ET LIBRAIRIE MILITAIRES

HENRI CHARLES-LAVAUZELLE

Editeur.

1892

AVANT-PROPOS

Quoi que fasse la politique, quoi que les partis discutent, la France a toujours été et sera toujours, espérons-le, la terre classique du souvenir. Si les révolutions ont beaucoup détruit, si dans la fougue du courant d'opinions, des profanations, des sacrilèges ont été commis, il faut bien le reconnaître, le retour à la saine raison, au calme, a le plus souvent réparé, avec éclat même, le mal accompli. Sans brûler ce qu'on avait adoré et sans adorer ce qu'on avait brûlé, on a rendu à la plupart des grands hommes, dont les sépultures avaient été victimes des profanations, le culte réel dû à leur mémoire.

Turenne a été une des victimes de la rage populaire, où l'aveuglement plus que la passion a joué le plus grand rôle.

On sait que Louis XIV, voulant honorer la mémoire du grand capitaine, lui réserva à sa mort les honneurs de la sépulture dans la basilique de l'abbaye de Saint-Denis où seulement étaient inhumés les rois, les reines et les princes du sang. Arrive la Révolution, le silence des tombeaux est violé; les sépultures de Saint-Denis, comme celles des autres abbayes, sont ouvertes et les cendres jetées pêle-mêle dans un même caveau. Le hasard veut que Turenne échappe à cette profanation; ses restes vont échouer au Muséum d'histoire naturelle entre le squelette d'un éléphant et celui d'un rhinocéros.

Là encore, Turenne sera sauvé de la honte qu'on inflige à sa mémoire. Un membre du Conseil des Cinq-Cents voit cette momie — c'est sous ce titre que Turenne était exhibé — il approche pour la contempler de plus près. L'inscription qu'il lit sur le cercueil lui apprend que c'est la dépouille de Turenne. Il dépose à la tribune de son Assemblée une motion pour obtenir l'enlèvement de ces restes de l'endroit où ils sont déposés et leur transfèrement dans un lieu plus digne de la mémoire du grand capitaine.

Plusieurs années après cette demande, les cendres de Turenne furent déposées au Musée des monuments français d'où, peu de temps après, elles furent enlevées pour recevoir les honneurs des Invalides, alors Temple de Mars.

Ce sont ces vicissitudes que nous développons dans les pages suivantes à la suite desquelles on reconnaîtra, comme nous l'avons dit au début, que si la profanation du corps de Turenne a eu quelque chose d'indigne, la réparation a été éclatante.

LES

CENDRES DE TURENNE [1]

I

De Salzbach à Saint-Denis.

Au moment même ou Turenne espérait [2] rendre la France à la paix, à la suite de la campagne qu'il soutenait depuis le mois de février 1674, contre les princes coalisés, la mort l'enleva.

Le samedi 27 juillet 1675, les belligérants se trouvaient en présence aux environs du village de Salzbach [3]. Turenne, après avoir pris ses dispositions pour le combat, était allé se reposer sous un arbre; il en profita pour faire un repas. Ils finissait de déjeuner quand on vint le prévenir d'un mouvement de l'infanterie ennemie. « Il se leva, monta à cheval et s'avançant vers une hauteur pour considérer ce que ce pouvait être, il ordonna à tous ceux qui étaient avec lui de ne le point suivre, et dit au duc d'Elbeuf : « *Mon neveu,*

---

(1) Né à Sedan (Ardennes) le 16 septembre 1611.

(2) Le matin du jour de sa mort, Turenne avait dit à ses lieutenants : « C'en est fait, je les tiens, ils ne pourront plus m'échapper et je vais recueillir le fruit d'une si pénible campagne. »

(3) Salzbach ou Sasbach, village du grand duché de Bade. Un monument a été élevé sur le territoire de cette commune, à l'endroit où fut frappé Turenne, en 1781, par les soins du cardinal de Rohan ; ce monument a été restauré par Moreau en 1801.

» *demeurez ici, vous ne faites que tourner autour de moi, vous* » *me feriez reconnoître.* » Il trouva mylord Hamilton près de l'endroit où il dirigeait ses pas, qui lui dit : « *Venez par* » *ici, on tire où vous allez.* » Le vicomte lui répondit : « *Je* » *ne veux point être tué aujourd'hui.* » Il continua son chemin et rencontra Saint-Hilaire, lieutenant général de l'artillerie qui lui dit, en tendant la main : « *Jetez les yeux sur* » *cette batterie que j'ai fait mettre là* ». Il retourna deux pas en arrière, et un boulet tiré au hasard aïant emporté le bras de Saint-Hilaire, donna au milieu de l'estomac du vicomte ; le cheval le ramena d'où il était parti, le visage panché sur l'arçon ; étant arrivé à l'endroit où il avait laissé sa compagnie, le cheval s'arrêta, et le grand Turenne tomba mort entre les bras de ses gens après avoir ouvert deux fois les yeux (1). »

La nouvelle de la mort de Turenne jeta ses lieutenants dans un profond découragement ; à la cour surtout, cette perte fut vivement ressentie. Mme de Sévigné nous a laissé dans sa correspondance l'impression faite sur le roi et son entourage dès que la nouvelle parvint à Versailles. « Le roi a été affligé, écrit-elle, comme on doit l'être de la perte du plus grand capitaine et du plus honnête homme du monde. Toute la cour fut en larmes et M. de Condom pensa s'évanouir. On étoit prêt d'aller se divertir à Fontainebleau ; tout a été rompu. Jamais un homme n'a été regretté si sincèrement. Tout Paris et tout le peuple étoit dans le trouble, dans l'émotion ; chacun parloit et s'attroupoit pour regretter cet héros. »

Lorsqu'au camp français on fut revenu de la première émotion, on songea aux moyens de rendre les derniers devoirs au noble mort. « On jette un manteau, on le porte dans une haie, on le garde à petit bruit ; un carrosse vient, on l'emporte dans sa tente. Ce fut là où M. de Lorges,

____

(1) Ramsey, *Histoire de Turenne*, tome II, page 362.

M. de Royes et beaucoup d'autres pensèrent mourir de douleur, mais il fallut se faire violence et songer aux grandes affaires qu'il avait sur les bras. On lui a fait un service militaire dans le camp, où les larmes et les cris faisoient le véritable deuil : tous les officiers pourtant avaient des écharpes de crêpe ; tous les tambours en étaient couverts, qui ne battaient qu'un coup ; les piques traînantes et les mousquets renversés (1). »

Louis XIV ne voulut pas que la dépouille de son illustre capitaine fût confiée à la terre commune aux mortels. Il réserva à Turenne les honneurs de la sépulture royale et ordonna que le corps fût déposé à l'abbaye de Saint-Denis, dans un monument digne de la mémoire du défunt. Dans les premiers jours d'août, le mouvement de retraite de notre armée, qui venait de repasser le Rhin, permit de ramener le cercueil vers Paris. « Quand ce corps a quitté son armée, ç'a été encore une autre désolation : partout où il a passé, ç'a été des clameurs ; mais à Langres, ils se sont surpassés ; ils allèrent tous au-devant de lui, habillés de deuil, au nombre de deux cens, suivis du peuple, tout le clergé en cérémonie ; ils firent dire un service solennel dans la ville et en un mot se cottisèrent tous pour cette dépense qui monta à 5,000 livres, parce qu'ils reconduisirent le corps jusqu'à la première ville et voulurent défrayer tout le train (2). »

Le corps arriva à Saint-Denis le 30 août. Le lendemain, un service fut célébré à l'abbaye. Paris, qui sait honorer particulièrement les grands hommes, voulut payer aussi son tribut de regrets à la mémoire de Turenne. Tout fut mis en œuvre pour que la munificence de la pompe ne laissât rien à envier aux cérémonies funèbres qui avaient été célébrées jusqu'à ce jour sous les voûtes de Notre-Dame,

Le service solennel eut lieu le 9 septembre, ainsi que le

---

(1) Lettre de Mme de Sévigné au comte de Grignan, 31 juillet 1675.

(2) Lettre de Mme de Sévigné au comte de Grignan, 28 août 1675.

constate le procès-verbal suivant, dont l'intérêt est d'autant plus grand qu'il renferme une description de la pompe déployée en la circonstance :

« Du lundy IX septembre M DC LXXV, messieurs en robes noires les huissiers marchant devant et les archers de la ville à leurs costez, sont allez à Notre Dame. Ils furent reçeus à l'entrée de la nef par le sieur Sainctot et un ayde des cérémonies et conduit dans le chœur aux hautes chaires à gauche, où Monsieur le Président se mit en la première chaire. La chambre des Comptes fut placée à droite, laissant deux chaires pour le deuil; la Cour des aydes ensuite du même costé, la ville et l'Université. Au bas de chaque costé on laissa des places qui furent remplies par des chanoines de Notre Dame. Plusieurs archevesques et évesques entrèrent par la porte d'en bas et allèrent se placer au costé droit de l'hostel; et vis à vis plusieurs ambassadeurs et ministres de princes estrangers, sur des bancs qui leur avoient esté préparez. Les trois grandes portes de l'église avaient été tenduës de noir avec des doubles lez de velours noir chargez d'escussons et d'inscriptions en plusieurs langues à l'honneur du vicomte de Turenne. La nef de l'église tendue de mesme avec des squelettes blanches armées de faux, entre les armoiries, et au-dessous un rang d'escussons en forme de boucliers chargez d'emblesmes et autres figures représentant les vertus du mort, ses alliances, les sièges et les batailles où il avoit commandé. Le même ordre régnoit autour du chœur où de plus il estoit orné d'une corniche chargée de frontons fermez par deux consoles portez sur deux testes de mort à ailes de chauve-souris couronnées de lauriers, chaque fronton soustenant une urne de porphire poussant de grosses flammes et des parfums. Entre deux frontons, il y avoit une tour d'argent qui portoit un fanal, et des deux costez des fleurs de lis d'or qui portoient un très grand nombre de flambeaux qui faisoient une très grande clarté. Sur la porte du chœur et le long du jubé, on avoit

mis une grande quantité de cornettes et de drapeaux rem-
portez sur les ennemis pendant cette dernière guerre en
forme de trophées d'armes, très agréables à voir. Le mau-
solée étoit au milieu du chœur, en une tour ovale élevée sur
une montagne entre quatre grands palmiers chargez d'armes en trophées et couronnée de trois couronnes, l'une de
prince, l'autre de lauriers et la troisième d'estoiles. Au-dessus de la Tour quatre vertus soustenoient une urne à l'anti-
en forme faite que de tombeau sur laquelle l'immortalité
foulant la Mort aux pieds portoit l'image du vicomte Turenne
vers le ciel. Il y avoit aux quatre portes de cette tour, quatre vertus : la Piété, la Fidélité, la Valeur et la Sagesse. La
messe fut dite par l'archevesque de Paris ; le duc de Bouillon et son fils qui faisoient le grand deuil furent conduits à
l'offrande par le sieur Sainctot et un ayde des cérémonies.
Le père Dom Cosme, feuillant, évesque de Lombez, pro-
nonça l'oraison funèbre (1). »

---

(1) *Histoire de Paris*, par D. Michel Félibien, mise à jour par Guy-
Alexis Lobineau, tous les deux moines bénédictins de la congrégation
de Saint-Maur. Tome V, page 223. — Paris, 1725.

II

Le cœur de Turenne.

A cette époque, comme cela se voit encore de nos jours, moins fréquemment cependant, le cœur était après l'embaumement remis à la famille du défunt ou gardé dans une sépulture spéciale.

C'est cet usage qui nous force à quitter un instant le corps de Turenne pour nous occuper de son cœur, qui subit aussi sa bonne part de vicissitudes.

Le cœur de Turenne reçut pour premier asile les carmélites de la rue Saint-Jacques, à Paris.

Vers 1693, si toutefois on admet le témoignage de deux moines de l'abbaye de Cluny, le cardinal de Bouillon (1), neveu de Turenne, grand aumônier de France et abbé de Cluny, déposa cette précieuse relique à l'abbaye. Un procès-verbal (2) nous fait connaître qu' « en 1786, M. de Boquancour, intendant de Bourgogne, se rendit à Cluny pour régler quelques difficultés qui s'étoient élevées entre la municipalité de cette ville et les moines de l'abbaye ; il coucha à Mâcon, à l'évêché. M. Moreau, alors évêque et président des états de la province, l'accompagna. Ils visitè-

---

(1) Emmanuel Théodore de la Tour d'Auvergne, né le 24 août 1644 mort en mars 1715.

(2) Archives du département de Saône-et-Loire, Série T. Cette même pièce fait connaître aussi que « la Pie », le cheval que montait Turenne, fut envoyé au monastère. « Nos anciens disent, lisons-nous, que ce cheval est péri de vieillesse dans les écuries du couvent, qu'il n'avoit plus de dents à sa fin, qu'on le nourrissoit que de farine, que le prieur, à qui il étoit extrêmement recommandé, l'avoit pris en affection et lui portoit lui-même, tous les jours, un petit sac de biscuits au sucre qu'il lui faisoit manger. »

rent l'église de cette célèbre abbaye dans tous ses détails ; les moines les conduisirent dans la sacristie pour leur faire voir la belle et superbe argenterie destinée au service de l'église ; ils leur présentèrent un petit sac de velours cramoisi, dans lequel étoit le cœur du maréchal de Turenne, enfermé dans un cœur de plomb recouvert d'une lame de vermeil (1) sur laquelle était gravée cette inscription :

« *Ici est renfermé le cœur de très haut et très puissant* » *Prince Henri de la Tour d'Auvergne, vicomte de Turenne,* » *colonel général de la cavalerie légère de France, gouverneur* » *du haut et bas Limousin et maréchal général des camps et* » *armées du Roi.* »

Arrive 1793, le vandalisme bat son plein. Les églises, les abbayes, les châteaux, tout ce qui appartient aux églises, aux monastères, aux nobles et aux bourgeois devient la visée des Sans-Culottes. Toutes les richesses d'art, quelle que soit leur destination, fussent-elles des tombeaux, ne peuvent inspirer le respect. Le 4 nivôse an II (24 décembre 1793), un sieur Gary, commandant l'armée révolutionnaire, « se fit remettre, sur son récépissé, le cœur de Turenne, prit la boîte de vermeil et rejetta le cœur en plomb, en disant qu'il n'avait pas besoin de ce morceau de plomb » (2).

C'est alors que M. Guichard, maire de Cluny, ramassa ce que l'ignoble Gary (3) venait de profaner et déposa le

---

(1) On lit, article 17 de l'inventaire de l'abbaye : « On voit encore parmi l'argenterie le cœur de M. de Turenne, enchâssé dans du plomb, revêtu d'un cœur de vermeil du poids de 2 marcs 4 onces.

(2) Procès-verbal du préfet de Saône-et-Loire du 30 août 1818.

(3) On était loin de cet acte que rappelle une pièce des archives de Saône-et-Loire, série T : « Nous avons aussi appris par tradition que deux grenadiers qui avoient servi sous M. de Turenne, passant par Cluny au commencement du xviie siècle (*), demandèrent à voir le cœur de leur général. On s'y empressa de leur donner cette satisfaction ; à la vue du cœur, ils tirèrent leurs sabres qu'ils mirent en croix dessus, s'agenouillèrent et firent une petite prière les larmes aux yeux. »

(*) Il faut lire évidemment xviiie siècle.

cœur de Turenne dans les archives communales où il devait rester jusqu'en 1818.

Cette année-là, le roi Louis XVIII, sur la demande de plusieurs familles, rendit une ordonnance par laquelle le cœur des grands hommes qui pourrait être retrouvé serait remis aux familles. En vertu de cette disposition, le comte de la Tour d'Auvergne-Lauraguais revendiqua, en sa qualité de descendant de Turenne, le cœur de son parent. A la suite d'une enquête menée de pair par le Ministre de l'intérieur et par le Ministre de la guerre, on découvrit, à la place où il avait été déposé par le maire, le cœur de Turenne.

Un procès-verbal fut dressé le 30 août 1818 par MM. le marquis de Vaulchier, préfet de Saône-et-Loire ; de Saint-Gilles, secrétaire ; Louis Dessaigne, conseiller général ; Chacuat, juge de paix du canton de Cluny ; Furtin, maire de Cluny ; Aucagne, conseiller d'arrondissement ; Gacon, 1er adjoint ; le marquis de la Guiche, pair de France, inspecteur général des gardes nationales de Saône-et-Loire ; le comte de Maillé, inspecteur général des haras ; Mutin, Ochier père et Ochier fils, notables de Cluny.

Le 16 décembre 1818, le préfet de Saône-et-Loire adressa ce cœur à son collègue de l'Aude, M. Cromot de Fougy, qui en fit la remise, le 2 janvier 1819, au comte de la Tour d'Auvergne.

A cette heure, le cœur de Turenne repose au château de Saint-Paulet (1). Il est placé dans la salle de la bibliothèque (2) dans une boîte sur laquelle se lit cette simple inscription :

« La présente boîte de carton, contenant le cœur de Turenne,

---

(1) Saint-Paulet, commune du canton de Castelnaudary (Aude).

(2) Le *Cœur de Turenne*, par Paul Laurent. Archives historiques, tome I, page 207.

a été scellée par nous, préfet de Saône-et-Loire et maire de Cluny.

« *A Cluny, le* 30 *août* 1818, *signé* Furtin, *maire de Cluny.* »

Si le hasard de la vie vous fait échouer un jour au pied de la montagne Noire, sur laquelle s'élève le château de Saint-Paulet, demandez au premier paysan que vous rencontrerez sur votre route ce qu'il y a de curieux à visiter aux environs ; il vous répondra dans son patois de terroir : « *O Moussu, pourrès beire, dins lou castel, lou cor de Turenno* », ce que nous traduirions chez nous par : « Oh ! monsieur, vous pourrez voir, dans le château, le cœur de Turenne. »

III

A Saint-Denis.

Le corps de Turenne fut placé provisoirement dans la chapelle Saint-Eustache, en attendant une sépulture définitive. Le cercueil reçut l'inscription suivante :

ICY EST LE CORPS

DE SÉRÉNISSIME PRINCE

HENRY DE LA TOUR D'AUVERGNE

VICOMTE DE TURENNE

MARESCHAL GÉNÉRAL

DES CAMP ET ARMÉES DU ROY

COLONEL GÉNÉRAL

DE LA CAVALERIE LÉGÈRE DE FRANCE

GOUVERNEUR DU HAUT ET BAS LIMOSIN, ETC.

LEQUEL FUT TUÉ D'UN COUP DE CANON

LE XXVII DE JUILLET

L'AN M DC LXXV (1).

Louis XIV se disposait à compléter son œuvre de reconnaissance vis-à-vis de Turenne, en faisant élever un monument dans lequel serait déposé le cercueil, lorsque la famille du vicomte revendiqua pour elle cet honneur. Le rôi ne voulut pas contrarier ce désir ; il prit les mesures pour en assurer l'exécution par la lettre suivante qu'il écrivit à l'abbé de Saint-Denis :

---

(1) F. de Guilhermy. *Inscriptions de la France du* v^e *au* xviiie *siècle,* tome II, page 679.

« *Aux abbé et religieux de Saint-Denis.*

» Chers et bien amés. Les grands et signalés services qui ont été rendus à cet Etat par feu notre cousin, le vicomte de Turenne, et les preuves éclatantes qu'il a données de son zèle, de son affection à notre service et de sa capacité dans le commandement de nos armées que nous lui avons confié avec espérance certaine des heureux et grands succès que sa prudence consommée et sa valeur extraordinaire ont procuré à nos armes, nous aïant fait ressentir avec beaucoup de douleur la perte d'un aussi grand homme, d'un sujet aussi nécessaire et aussi distingué par sa vertu et par son mérite, nous avons voulu donner un témoignage public, digne de notre estime et de ses grandes actions, en ordonnant qu'il fût rendu à sa mémoire tous les honneurs qui peuvent marquer à la postérité l'extrème satisfaction qui nous reste et le souvenir que nous voulons conserver de tout ce qu'il a fait pour la gloire de nos armes et pour le soutien de notre Etat. Et comme nous ne pouvons en donner des marques plus publiques et plus certaines qu'en prenant soin de sa sépulture, nous avons voulu y pourvoir en telle sorte, que le lieu où elle seroit fût un témoignage de la grandeur de ses services et de notre reconnaissance. C'est pourquoi aïant résolu de faire bâtir dans l'église de Saint-Denis une chapelle pour la sépulture des rois et des princes de la branche royale de Bourbon, nous voulons que lorsqu'elle sera achevée le corps de notre dit cousin y soit transféré, pour y être mis en lieu honorable, suivant l'ordre que nous en donnerons, et cependant nous avons permis à nos cousins le cardinal et le duc de Bouillon, ses neveux, de mettre son corps en dépôt dans la chapelle de Saint-Eustache et d'y élever un monument à la mémoire de leur oncle, suivant les desseins qui en ont été arrêtés. C'est de quoi nous avons bien voulu vous donner avis, et vous dire en même temps que nous voulons que vous exécutiez ce qui est en cela de notre volonté, en faisant mettre le dit corps dans la cave de la dite chapelle, et en laissant la liberté aux ouvriers de travailler audit monument jusqu'à son entière perfection ; si n'y faites faute, car tel est notre plaisir.

» Donné à Saint-Germain-en-Laye, le 22ᵉ jour de novembre 1675. *Signé :* Louis. »

Et plus bas : « Colbert. »

Et sur le repli : « A nos chers et bien amés les abbé, prieur et religieux de l'abbaye royale de Saint-Denis en France (1). »

La rédaction des plans du tombeau fut confiée à l'architecte Lebrun et leur exécution aux sculpteurs Tuby et Gaspard Demarsy.

Ce riche et superbe monument, regardé par les connaisseurs comme un morceau de la plus belle ordonnance, a été décrit dans ses moindres détails par l'historien de l'abbaye de Saint-Denis. On ne peut rien retrancher ni ajouter à cette description; la voici dans sa teneur :

« Le dernier tombeau qu'on ait fait dans l'église de Saint-Denys est celuy du vicomte de Turenne. C'est un des plus considérables tant par la beauté du dessein qui paroist singulier, que par l'excellence du travail. On y a représenté ce grand capitaine comme expirant entre les bras de l'Immortalité au milieu des trophées de ses victoires. Il a pour vestement un corps de cuirasse couvert d'un grand manteau avec une chaussure à la romaine. Aux deux costez du tombeau sont deux grandes figures de femmes assises qui expriment l'une la Sagesse, l'autre la Valeur. On a donné à la première de ces figures divers symboles; car outre un autel et des livres, elle a encore auprès d'elle un grand vase

---

(1) Ramsey. *Histoire de Turenne,* tome IV, preuves, pages 3 et suivantes.

d'où sortent quantité de pièces d'argent monnoyé, pour marquer la libéralité du héros.

» Toute cette composition remplit une grande arcade incrustée de marbre blanc sur un fond de marbre noir. Le groupe qui représente l'Immortalité (de Baptiste Tuby) et le vicomte de Turenne et le tombeau sur lequel ce groupe est posé au-devant d'une pyramide, sont élevés sur une manière de soubassement. Tous ces ouvrages sont de marbre blanc excepté la pyramide qui est d'un vert de Campan. Divers ornemens de bronze doré embellissent le haut du soubassement et accompagnent l'écusson des armes de ce prince. Un grand bas-relief aussi de bronze représente au-devant du tombeau une des plus célèbres actions de sa vie, la dernière de sa campagne de 1674....

» La peau du lion que l'on voit sous la figure du vicomte de Turenne est le symbole de son grand courage, et l'aigle effrayé qui est à ses pieds marque l'empire sur lequel il a remporté tant de glorieux avantages. L'Immortalité paroist soutenir ce grand homme, au moment qu'il expire et qu'il tient encore le baston de commandant. Elle a une couronne radieuse sur la teste, et tient d'une main une couronne de laurier qu'elle élève vers le ciel. Le vicomte de Turenne semble l'envisager comme la seule récompense qu'il ait jugée digne de son estime pendant sa vie. Jamais général d'armée ne s'estoit moins soucié des richesses que luy, ne les ayant fait servir qu'à assister ses soldats avec une profusion qu'on a icy exprimée par un vase renversé d'où des pièces de monnoye tombent en abondance.

» Les figures de la Sagesse et de la Valeur (de Desmarcy) sont en marbre blanc ; l'une a la teste couverte d'une draperie, et l'autre est armée. Celle-cy paroist affligée et dans la consternation, et celle-là, surprise et étonnée de la mort imprévue de ce grand capitaine qui est enlevé tout d'un coup à la France. Les trophées composez de corps de cuirasse et d'autres armes à l'antique attachez à deux grands

palmiers sont de bronze doré. Le reste de la chapelle est
incrusté de marbre blanc jusqu'à la corniche qui est aussi
de marbre et soutenue de consoles ornées de feuillages. Un
grand cadre rond doré et enrichi de lauriers et d'autres
ornemens environne le bas de la coupole au-dessus des pa-
naches. Il y a sur le haut du rétable de l'autel une manière
d'urne où l'on a renfermé des reliques de saint Eustache,.
martyr, et qui sert comme de piédestal à un crucifix de
bronze doré entre deux figures d'anges, portant chacun un
chandelier. La chapelle est pavée de carreaux de marbre
blanc et noir, et fermée d'une grille de fer ornée d'un ordre
ionique, avec les écussons des armes du vicomte de Turenne
en amortissement (1). »

C'est sous ce chef-d'œuvre de sculpture que dormait
Turenne, lorsque, le 1ᵉʳ août 1793, sur la proposition de Bar-
rère et sur le rapport du comité de Salut Public, une loi
vandaliste fut votée par la Convention. L'article XI de cette
loi ordonnait en effet que « les tombeaux et mausolées des
ci-devant rois élevés dans l'église de Saint-Denis, dans les
temples et autres lieux, dans toute l'étendue de la République, seront détruits le 10 août prochain. »

Quel était donc le but d'un acte semblable ?

Lorsque les auteurs eurent à se justifier, ils alléguèrent le
besoin du plomb pour faire des balles et les distribuer aux
armées de la Révolution. Prétexte peu plausible étant donné
le maigre résultat qu'on pouvait en espérer. Cette violation
des sépultures s'explique bien mieux parce que ces tombeaux renfermaient les cendres de personnages ayant joué
un rôle sous un régime qui avait eu le tort de ne pas être
celui de l'époque. Les exécuteurs de cette triste besogne
furent sans pitié ; à côté des sépultures royales, ils virent
celle de Turenne. Ils allaient commencer la violation quand

---

(1) *Histoire de l'abbaye royale de Saint-Denys*, par D. Michel Félibien,
religieux de la congrégation de Saint-Maur, page 569.

le père Poirier et le docteur Thouret, désignés « pour aller recueillir dans la fouille des tombeaux de l'abbaye », des matériaux pour « l'histoire et la physique souterraine » surent leur imposer le respect de ce cercueil (1). Il ne peut pas entrer dans le cadre de cette étude de faire le tableau des souillures dont furent l'objet certains cadavres ; des histoires particulières des lieux profanés en conservent le souvenir. Disons seulement que le *Moniteur universel* du 15 août annonça l'accomplissement de cette besogne par l'entrefilet suivant :

---

(1) Au moment où fut publié le programme de la translation des cendres de Turenne du musée des monuments français aux Invalides, l'administration du *Moniteur* reçut la lettre suivante :

« Au Directeur du *Moniteur*.

> Paris, ce 1ᵉʳ complémentaire, an VIII.

» Il y a actuellement près de sept ans que le corps de Turenne est sorti du tombeau que lui avait mérité sa valeur ; nous devons la conservation de ses restes précieux à la bonne composition de la municipalité de Franciade (*) d'alors, ainsi qu'à une commission chargée par le département de Paris d'aller recueillir dans la fouille des tombeaux de l'abbaye de cette commune des matériaux pour l'histoire et la physique souterraine ; on nomma membres de cette commission, deux hommes d'un mérite distingué : le ci-devant père Poirier et le docteur Thouret, aujourd'hui directeur de l'Ecole de médecine de Paris qui, en 1786, avait été chargé de l'exhumation si célèbre de l'église et du cimetière des Innocens Quelques personnes ont été témoins des précautions prises par ces deux citoyens pour conserver intact le corps de Turenne et réunir les observations que pouvait offrir cet ensemble d'antiques sépultures. On sait les efforts qu'ils on faits et les dangers qu'ils ont courus. Malgré les menaces d'une foule inconsidérée et des émissaires envoyés pour inspecter ces travaux, lesquels demandaient à grands cris que tout fût jeté indistinctement dans une très grande fosse creusée *ad hoc*, ils sont parvenus à prendre des notes, qui sans doute sont très curieuses et devront occuper une place très distinguée dans les mémoires du temps ; il serait donc bien à désirer que les détails de cette opération fussent rendus publics ; permettez que j'en exprime le désir dans votre feuille.

» DOUSSIN-DUBREUIL, docteur en médecine. » (**)

(*) Nom que la ville de Saint-Denis porta pendant la Révolution.
(**) *Moniteur officiel*, an VIII, page 1468.

« On a exécuté à la rigueur le décret de la Convention, qui ordonnait que les tombeaux de Saint-Denis seraient renversés le 10 août; le corps de Turenne était tellement conservé qu'on l'a retrouvé, dit-on, dans l'attitude où il avait été placé. »

Sur le rapport de la commission scientifique, le savant Desfontaines revendiqua le corps de Turenne au nom de la science, qui le réclamait « comme une momie digne de prendre place dans une des collections nationales de curiosité ». C'était désigner le musée d'histoire naturelle. En attendant la translation à ce nouveau musée, le corps fut laissé aux mains du suisse de l'église de Saint-Denis, un nommé Hoste, qui ne se fit aucun scrupule de tirer argent des dents du héros.

Singulière destinée !

IV

Au Muséum d'histoire naturelle.

Le corps de Turenne fut déposé dans ce musée en 1794, entre le squelette d'un éléphant et celui d'un rhinocéros. Pendant deux ans le public défila devant ce cercueil, indifférent au caractère outrageant de cette exhibition. Un homme, Dumolard, membre du Conseil des Cinq-Cents et député de l'Isère, fut profondément indigné de cette profanation et, le 15 thermidor 1796, il monta à la tribune de son assemblée et y fit la déclaration suivante :

« Rien de ce qui touche à l'honneur national n'est étranger au Corps législatif. Je parcourais dernièrement le Jardin des Plantes ; entré dans les diverses salles du bâtiment, quelle a été mon affliction en voyant les restes du grand Turenne placés entre ceux d'un éléphant et d'un rhinocéros ! Ne devait-il échapper à la fureur de ces modernes Vandales que pour obtenir un tel asile ? Il est des faits, citoyens, qui suffisent seuls pour dépraver un gouvernement et le déshonorer aux yeux de l'étranger : tel est celui que je vous dénonce.

» Turenne vécut sous un roi, mais ce fut l'erreur de son siècle et non le crime de ce héros ; ses préjugés furent ceux du temps où il vivait, ses vertus furent à lui. L'état avilissant dans lequel ses restes sont abandonnés ne saurait diminuer cet immense héritage de gloire qu'il s'est acquis ; un tel oubli n'est préjudiciable qu'au gouvernement qui s'en rend capable. Quel est, en effet, le Français qui ignore que Turenne fut le plus grand des capitaines de son siècle ; que recommandable par ses vertus guerrières, il le fut non moins par ses vertus privées? Qui n'admire également son courage et sa rare modestie? Ce n'est pas que je veuille demander que vous honoriez la mémoire de Turenne. Je vous propose seulement de ne pas diminuer quelque chose de votre suprême gloire en l'oubliant. Je ne demande pas pour cet homme illustre les honneurs du Panthéon, l'Europe entière lui a décerné la palme de l'immortalité; mais vous avez le droit d'éveiller l'attention du Directoire sur un objet d'intérêt national; c'est ce que je vous propose de faire en demandant au Directoire, par un message, les mesures qu'il a dû prendre pour faire déposer dans un lieu plus convenable et plus décent les restes du grand Turenne (1). »

Il suffit au caractère français d'une étincelle pour l'enflammer, le pousser dans une voie où rien ne l'attirait. Cette étincelle fut la déclaration de Dumolard. La proposition fut adoptée à l'unanimité par l'assemblée. Le soir même, elle faisait la traînée de poudre dans Paris; l'indignation que souleva la présence de Turenne aux côtés d'un éléphant et d'un rhinocéros fit éclore de nombreuses protestations. Le lendemain, 16 thermidor, le Directoire et les ministres étaient saisis d'une proposition de Lenoir, alors directeur du Musée des Monuments français, musée que la Révolution venait de créer et dans lequel elle fit réunir les débris des objets d'art et les curiosités qu'elle avait fait détruire, à l'effet d'être autorisé à enlever les restes de Turenne et à les déposer dans son musée (2).

Nous ne sommes pas de ceux qui pensent que les musées ont le caractère de dignité qui convient aux asiles de la mort. Il faut croire que plus d'un homme de cette époque pensa comme nous. Des polémiques (3) furent engagées dans la presse qui retardèrent beaucoup l'accomplissement de

---

(1) *Moniteur officiel* (réimpression), tome 23, p. 379.

(2) Voir Pièces justificatives nº 1.

(3) Voir Pièces justificatives, nº II.

l'acte de réparation, car ce n'est que le 27 germinal an VII
(16 avril 1799) que le Directoire autorisa la translation au
Musée des Monuments français (1).

On avait songé tout d'abord à entourer cette cérémonie
d'une grande pompe. Un programme avait été arrêté et
soumis à François de Neufchâteau, alors Ministre de l'intérieur. Celui-ci fit connaître (2), le 4 mai 1799 « que ce n'est
point dans les circonstances pénibles et lorsque les besoins
de l'Etat exigent la plus sévère économie que l'on peut songer à des fêtes particulières » et qu'alors la translation serait
faite sans pompe au Musée des Monuments français où
« les hommages publics et la vénération nationale consoleront les mânes de ces grands hommes (3) de l'injustice qui
pesa sur leur vie et des outrages qu'ils essuyèrent après leur
mort ».

Le 12 juin, Lenoir, Pierre-Claude Binart, le premier conservateur et le second sous-conservateur du Musée des Monuments français, assistés d'Ambroise-Robert Lesieur, Augustin-Jean Lesieur, Michel-Pierre Sauvé et Pierre-Louis
Sauvé, exécutèrent l'ordre du Directoire. A 6 heures du soir,
une voiture d'artillerie mise à leur disposition par le général Berthier, alors général de brigade et directeur par intérim de l'arsenal de Paris, arrivait au Musée d'histoire naturelle. Après que toutes les formalités furent remplies, le
cercueil fut chargé sur cette voiture ; il était 8 heures du
soir quand le cortège se mit en route.

C'est dans le procès-verbal de cette opération que nous
trouvons une description de l'état du cercueil et du corps de
Turenne ; on lit dans cette pièce :

---

(1) Voir Pièces justificatives, nº III.

(2) Voir Pièces justificatives, nº IV.

(3) Le même arrêté comportait la translation des cendres de Molière
et de La Fontaine au Musée des Monuments français.

« Nous fûmes introduits dans un local attenant à l'amph
théâtre, servant de laboratoire, au milieu duquel était posé
sur une estrade de bois peint en granit une caisse en form
de cercueil, aussi de bois peint, vitrée par dessus, de l
longueur de 197 centimètres, dans laquelle on nous a décla
que le corps de Turenne était renfermé. Nous remarquâmes
en effet, au travers du vitrage qui couvrait ce cercueil, u
corps étendu, enveloppé d'un linceul, lequel avait é
déchiré et découvrait la tête jusqu'à l'estomac, ce qui nou
ayant porté à le considérer plus attentivement, il nous paru
que ce corps avait été embaumé avec soin dans toutes se
parties ; ce qui en avait conservé toutes les formes ; le crân
avait été coupé et remplacé ou recouvert d'une calotte d
bois de la même forme, mais excédant dans sa circonférenc
toutes les formes du visage. Ces formes ne nous paruren
pas tellement altérées que nous ne pûmes reconnaître le
traits que le marbre nous a transmis de ce grand homme
Il restait encore des effets du funeste coup qui l'enleva a
milieu de ses triomphes et qui lui causa sans doute un
violente convulsion dans la figure, ainsi qu'il nous a par
par l'état de la bouche entièrement ouverte ; et, continuan
à considérer ces respectables restes, nous aperçûmes qu'i
avait les bras étendus de chaque côté du corps et les main
croisées sur la région du ventre. »

L'œuvre du temps avait été plus respectueuse de l
dépouille du grand capitaine que ne le fut celle des hommes

V

Au Musée des Monuments français.

Le tombeau élevé à Saint-Denis avait précédé Turenne au Musée des Monuments français et y avait été réédifié entièrement. Lenoir fit élever un sarcophage spécial dans lequel on déposa le corps de Turenne. En attendant que ce monument fût prêt à recevoir le cercueil, celui-ci fut placé dans une chambre particulière où les visiteurs ne furent pas admis. On activa le plus possible les travaux et, le 10 juillet 1799, à 11 heures du matin, les restes de Turenne reçurent pour la cinquième fois une sépulture. On enleva le vitrage du cercueil qui permettait de contempler le corps et l'on déposa l'inscription suivante gravée sur une plaque de cuivre :

« *Les restes de Henri de la Tour, vicomte de Turenne, tué d'un coup de canon le 27 juillet 1675, à 64 ans, près le village de Salzback, exhumé en 1793 de l'abbaye de Saint-Denis, où ils avaient été enterrés, ont été recueillis par les soins d'Alexandre Lenoir, fondateur du Musée des Monuments français, et déposés dans le sarcophage qu'il a fait exécuter sur ses dessins par arrêté du Directoire exécutif, l'an VII de la République française, une et indivisible.* »

Après que l'inscription fût placée, le cercueil fut fermé par une planche de chêne sur laquelle fut posée cette autre inscription :

> « *Passant, va dire aux enfants de Mars*
> *Que Turenne est dans ce tombeau (1).* »

---

(1) Palissot avait proposé cet autre texte :
> « *Le temps a respecté ces débris d'un grand homme*
> *Frappé d'un coup mortel en combattant pour nous;*
> *Héros de la Grèce et de Rome,*
> *Turenne eût mérité de naître parmi vous.* »

*
* *

Napoléon Ier professa de tout temps un véritable culte pour les héros. Il avait puisé ce culte dans la lecture de Plutarque, son auteur favori, alors qu'il était élève à l'école de Brienne. Sachant, plus que tout autre, qu'un pays qui sait honorer ses morts illustres est un grand pays, il voulut que la France en témoignât à l'Europe en réparant les injures faites à tant de morts par la Révolution. Bonaparte n'était encore que consul quand il songea à cette œuvre de justice et de réparation. Une commission spéciale fut nommée et eut pour mission de rechercher les hommes à la mémoire desquels on élèverait dans les musées nationaux, sur les places publiques, des monuments pour perpétuer à travers les siècles la mémoire de ceux qui avaient conquis cette distinction sur les champs de bataille, dans les lettres, dans les arts, dans les sciences, etc. Les travaux de cette commission terminés, les noms furent soumis au Premier Consul. Le nom de Turenne fixa l'attention de celui qui devait écrire plus tard et commenter une partie des campagnes du héros (1). Selon lui, un simple monument ne pouvait suffire à l'apothéose de l'enfant de Sedan; il fallait à cette mémoire un tombeau qui lui assurât un repos dans un temple de la gloire. Le temple de Mars, aujourd'hui les Invalides, fut désigné.

Lorsque cette décision fut rendue publique, bien des protestations s'élevèrent. Quoi! placer sous la coupole du temple de Mars le corps d'un maréchal qui avait conquis sa gloire sous une monarchie! Que fera-t-on des cendres des généraux qui ont perdu la vie en défendant la liberté?

---

(1) *Mémoires de Turenne,* suivis du *Précis des campagnes du maréchal de Tu enne,* par Napoléon. Hachette et Cie, Paris 1872.

Et les artistes? Le pauvre M. Lenoir ne voyait qu'eux et son musée (1).

Bonaparte n'était pas homme à se laisser fléchir par des raisons d'un ordre aussi secondaire; il passa outre, et, le 21 fructidor de l'an VIII, il ordonna au sieur Lenoir de remettre à Chalgrin et Peyre le tombeau de Turenne pour être déposé aux Invalides (2). La cérémonie fut fixée au 5ᵉ jour complémentaire.

---

(1) Voir pièces justificatives, nº VIII.
(2) Voir pièces justificatives, nº IX.

VI

Aux Invalides.

Le canon de Paris salua l'aurore du 5ᵉ jour complémentaire de l'an VIII, annonçant au peuple que la République, à la veille de fêter le huitième anniversaire de sa proclamation, voulait honorer un des plus glorieux enfants. Bientôt la ville, dont les maisons disparaissaient sous les drapeaux, prit une animation inaccoutumée. Tout le peuple de Paris descendit aux abords du ministère de l'intérieur, où devait avoir lieu la réunion des délégués venus de tous les points de la France pour assister à cette fête et leur présentation aux consuls.

A 2 heures après-midi, commença la fête officielle. Les Ministres de la guerre et de l'intérieur, précédés d'un héraut d'armes et de cavaliers et suivis d'un brillant état-major, se rendirent au Musée des Monuments français.

Le cercueil de Turenne était au milieu de la salle des monuments du xviiᵉ siècle. On avait déposé au pied, sur un brancard couvert d'une riche draperie, l'épée que Turenne portait le jour de sa mort et le boulet qui l'avait frappé ; ces objets avaient été prêtés par l'un des petits-neveux de Turenne (1).

Le conservateur du Musée présenta le cercueil par le discours suivant :

« Ministres, généraux et vous citoyens,

» Le Premier Consul, voulant célébrer l'anniversaire de la fondation de la République d'une manière éclatante et par

---

(1) Voir pièces justificatives, nᵒˢ X et XI.

in acte de reconnaissance, a arrêté que l'apothéose de Turenne s'effectuerait le cinquième jour complémentaire et que sa dépouille mortelle serait déposée dans le temple de Mars. Ce jour sera célèbre dans l'histoire ; il apprendra aux nations présentes et futures que le vainqueur du Nil et du Tibre sait distinguer l'homme d'Etat et qu'il fait honorer les talents ; elles apprendront aussi qu'il connaît le juste équilibre qui seul peut affermir une grande nation ; que ce ne sont plus les passions qui disposent des récompenses nationales et qui distribuent les lauriers ; que ce n'est pas la distinction des rangs qu'il veut récompenser, mais l'honneur et la vertu. Citoyens, Ministres, recevez de mes mains les restes d'un héros qui, le 27 juillet, périt à Salzbach victime de son courage. Il faisait honneur à l'homme, s'écria le général ennemi Montécuculli, lorsqu'il apprit la perte que la France, l'humanité entière faisaient dans la personne de Turenne.

» Une sage administration (1), dont les respectables membres consacrent leurs veilles à l'étude de la nature, a su retirer des mains d'un barbare, le nommé Hosté, suisse de l'église Saint-Denis, qui faisait voir la momie de Turenne pour de l'argent et qui vendait les dents qu'il arrachait de la bouche du grand homme, cette noble dépouille. Je l'ai recueillie moi-même avec un respect religieux, ainsi que le marbre et la statue élevés à sa mémoire, au milieu des chefs d'une monarchie qui prolongea son existence au-delà de quatorze siècles. Oh ! combien il était grand auprès de cette foule de princes couchés dans leurs tombeaux !

» Ministres, je l'avoue, ce n'est pas sans regret que je quitte ce trésor ; mes larmes vous l'annoncent, mon cœur y est attaché ; mais plus le sacrifice que je fais est grand, plus je me plais à l'obéissance. Ministres de la grande nation, et vous, généraux, braves défenseurs de la patrie,

---

(1) L'administration du Muséum d'histoire naturelle.

recevez les précieux restes de l'un des soutiens de la Fra[...]c
de ce grand homme, ami de l'humanité, avare, da[...]s
guerre, du sang français, aussi savant dans ses retraites qu[...]
était grand dans les combats ; enfin, recevez Turenne. Q[...]
mieux que vous, Ministres, sait apprécier ses hautes ver[...]us[...]

Après ce discours, le cercueil fut chargé sur un ch[...]
attelé de quatre chevaux blancs ; sur les côtés de ce cha[...]
des écussons rappelaient les grands jours et les exploits [...]
héros. Le cortège se mit en route. La marche était ouver[...]
par une musique militaire, l'état-major de la 17ᵉ divisio[...]
l'état-major de la place de Paris, un cheval pie semblable[...]
celui que montait habituellement Turenne et portant [...]
même harnachement, tenu en main par un nègre vêtu d'[...]
costume pareil à celui du nègre de Turenne, le char entou[...]
d'une garde d'honneur de vieux soldats dont plusieu[...]
portaient les armes de Turenne. Les cordons du poële étaie[...]
tenus par les généraux de division Berryer, Aboville [...]
Estournel, ce dernier parent de Turenne par sa femm[...]
et le général de brigade Vidal. Les ministres Bonapar[...]
et Carnot conduisaient le deuil. L'itinéraire suivi fut par l[...]
quais jusqu'à la place du Corps législatif, les rues de Bou[...]
gogne et de Varennes, le boulevard des Invalides jusqu'a[...]
dôme, sous lequel se tenaient les députations. Le cortèg[...]
arriva par la porte du sud ; le corps fut descendu du char [...]
déposé au milieu de l'enceinte. Le Ministre de la guer[...]
prit alors la parole et retraça dans le discours suivant l[...]
vertus de Turenne :

« Citoyens,

» Vos yeux sont fixés sur les restes du grand Turenne[...]
voilà le corps de ce guerrier si cher à tout Français, à tou[...]
ami de la gloire et de l'humanité. Voilà celui dont le no[...]
seul ne manqua jamais de produire la plus vive émotion su[...]
tout cœur enclin à la vertu ; que la renommée proclam[...]

chez tous les peuples, et qu'elle doit proposer à toutes les générations comme le modèle des héros.

» Demain, nous célébrons la fondation de la République ; préparons cette fête par l'apothéose de ce que nous laissèrent de louable et de justement illustre les siècles antérieurs. Ce temple n'est pas réservé à ceux que le hasard fit ou doit faire exister sous l'ère républicaine, mais à ceux qui, dans tous les temps, montrèrent des vertus dignes d'elle. Désormais, ô Turenne ! tes mânes habiteront cette enceinte ; ils demeureront naturalisés parmi les fondateurs de la République ; ils embelliront leurs triomphes et participeront à leurs fêtes nationales.

» Elle est sublime, sans doute, l'idée de placer les dépouilles mortelles d'un héros qui n'est plus au milieu des guerriers qui le suivirent dans la carrière et que forma son exemple. C'est l'urne d'un père rendue à ses enfants, comme leur légitime, comme la portion la plus précieuse de son héritage.

» Aux braves appartient la cendre du brave : ils en sont les gardiens naturels, ils doivent en être les dépositaires jaloux. Un droit reste après la mort au guerrier qui fut moissonné sur le champ des combats ; celui de demeurer sous la sauvegarde des guerriers qui lui survivent, de partager avec eux l'asile consacré à la gloire, car la gloire est une propriété que la mort n'enlève pas.

» Honneur au gouvernement qui se fait une étude d'acquitter la nation envers ses anciens bienfaiteurs ; qui ne redoute point les lumières que répandit leur génie ; qui n'a point d'intérêt à étouffer leur souvenir ! Honneur aux chefs d'une nation guerrière qui ne craignent point d'évoquer l'ombre de Turenne ! La grandeur de tout héros est attestée par la grandeur des héros qu'il a surpassés ; il rehausse sa propre gloire, en faisant briller de tout son éclat celle des plus grands hommes, sans craindre d'être effacé par eux.

» Turenne vécut dans un temps où le préjugé plaçait les

distinctions imaginaires au-dessus des service les plus
signalés. Il sut faire disparaître l'éclat de son rang par celui
de ses victoires, et l'on ne vit plus en lui que le grand homme.
La France, l'Italie, l'Allemagne retentirent de ses triomphes, et ce n'est qu'à ses vertus qu'il dut, après sa mort, cet
éloge si sublime dans la bouche d'un rival généreux, grand
homme lui-même, de Montécuculli : « *Il est mort un homme*
» *qui faisait honneur à l'homme.* »

» Je ne répéterai point ce que l'histoire apprit à chacun
de nous dès son enfance : les actions de Turenne, les détails
de sa vie militaire, ni les détails plus intéressants peut-être
encore de sa vie privée ; il est des hommes dont l'éloge doit
se réduire à prononcer leur nom. Le nom des héros est
comme le foyer qui réunit en un seul point toutes les circonstances de leur vie ; il imprime aux sens une commotion
plus forte, à l'enthousiasme un élan plus rapide, au cœur
un amour plus touchant pour la vertu, que le récit même
de faits qui leur méritent la palme immortelle.

» Eh ! quel titre plus glorieux pourrais-je unir au titre de
père que les soldats décernèrent à Turenne pendant sa vie ?
Quel trait pourrais-je ajouter à celui de ces mêmes soldats
après sa mort, en voyant l'embarras où elle laissait les
chefs de l'armée sur le parti à prendre ? Lâchez la Pie (1),
disent-ils, elle nous conduira. Que mettrais-je à côté des
paroles de Saint-Hilaire ? Le même boulet qui renverse
Turenne lui emporte un bras ; son fils jette un cri de douleur : « Ce n'est pas moi, mon fils, qu'il faut pleurer, dit
» Saint-Hilaire, c'est ce grand homme. »

» Les Allemands, pendant plusieurs années, laissèrent en
friche l'endroit où il fut tué et les habitants le montraien
comme un lieu sacré. Ils respectèrent le vieux arbre sous
lequel il reposa peu de temps avant sa mort et ne voulurent
point le laisser couper. L'arbre n'a péri que parce que les

---

(1) La Pie était le cheval que montait Turenne.

soldats de toutes les nations en détachèrent des morceaux
par respect pour sa mémoire.

» Les restes de Turenne furent conservés jusqu'à nos
jours dans le tombeau des rois. Les républicains l'ont tiré
de ce fastueux oubli. Ils lui décernent aujourd'hui une place
dans le temple de Mars, où chaque jour le récit de ses victoires sera répété par les vieux guerriers qui habitent cette
enceinte.

» Qu'importent des trophées sans mouvement et sans
vie? Ici, la gloire est toujours en action. Le marbre et l'ai-
rain disparaissent par le temps ; cet asile des guerriers
français que la vieillesse et les blessures privent de com-
battre encore se maintiendra d'âge en âge; et nos derniers
neveux viendront avec respect s'y entretenir de ceux qui
auront terminé leur carrière au champ de l'honneur.

» C'est sur la tombe de Turenne que le vieillard versera
chaque jour des larmes d'admiration, que le jeune homme
viendra éprouver sa vocation pour le métier des armes. Si,
après avoir embrassé son monument, si après avoir invoqué
les mânes de Turenne, il ne se sent rempli d'un saint
enthousiasme, si son cœur ne s'agrandit et ne s'épure, s'il
ne se passionne pour toutes les vertus héroïques, il devra
se dire à lui-même qu'il n'est pas né pour la gloire.

» De nos jours, Turenne eût été le premier à s'élancer
dans la carrière qu'ont parcourue nos phalanges républi-
caines. Ce ne fut point au maintien du système politique
alors dominant qu'il consacra ses travaux, qu'il sacrifia sa
vie, mais à la défense de son pays, indépendante de tout
système. L'amour de la patrie fut son mobile comme il fut
de nos jours celui des Dampierre, des Dugommier, des
Marceau, des Joubert, des Desaix, des La Tour d'Auvergne;
sa gloire ne doit point être séparée de celle de ces héros
républicains; et c'est au nom de la République que ma
main doit déposer ces lauriers dans sa tombe. Puisse l'ombre du grand Turenne être sensible à cet acte de la recon-

naissance nationale, commandé par un gouvernement qui sait apprécier les vertus !

» Citoyens, n'affaiblissons point l'émotion que vos cœurs éprouvent à l'aspect de cet apprêt funèbre. Des paroles ne sauraient décrire ce qui tombe ici sous vos sens. Qu'aurais-je à dire de Turenne ? le voilà lui-même ; de ses triomphes ? voilà l'épée qui armait son bras victorieux ; de sa mort ? voilà le fatal boulet qui le ravit à la France, à l'humanité entière. »

Après ce discours, le Ministre de la guerre déposa une couronne de lauriers, le Ministre de l'intérieur une plaque commémorative et une médaille frappée à cette occasion ; après quoi, une fanfare militaire annonça la fin de la cérémonie.

Cette médaille (1), mesurant 50 millimètres, gravée par Auguste, porte à l'avers le buste de Turenne avec cette légende :

« Honneurs rendus à Turenne par le Gouvernement. »

En exergue :

« Sa gloire appartient au peuple français. »

Revers, inscription :

« Translation du corps de Turenne au temple de Mars, par les ordres du premier consul Bonaparte, le cinquième jour complémentaire, an VIII, première année du consulat. »

En exergue :

« Lucien Bonaparte, ministre de l'intérieur. »

Le cercueil fut ensuite glissé dans une cavité du monument (2) qui était prêt à le recevoir ; après quoi, on boucha

---

(1) On trouve un exemplaire de cette médaille au musée de Sedan, sous le numéro 33 du catalogue ; elle est décrite sous le numéro 21 du musée monétaire, série du règne Napoléon.

(2) Le tombeau de Turenne aux Invalides étant, sauf les palmes de vermeil et les lauriers, celui de Saint-Denis, nous n'avons pas à le décrire à nouveau.

l'ouverture par une plaque de marbre portant pour inscription le simple nom : TURENNE.

Lorsque les voiles de la nuit couvrirent la grande cité, tout était en fête. Les autorités étrangères au département de la Seine furent réunies dans un banquet par le préfet du département et les maires de Paris. Des représentations gratuites furent données à la population au théâtre des Arts, au théâtre Français, à l'Opéra-Comique et au théâtre Feydeau.

Bientôt un siècle aura passé sur ce jour, siècle tourmenté s'il en fut un par les révolutions. Quoi qu'il en soit, il a sur ses précédents cet avantage, c'est que toutes ses révolutions ont su respecter le silence des tombeaux ; le courant a passé sans toucher au tombeau de Turenne et à celui de Napoléon, qui l'a rejoint sous la coupole des Invalides depuis 1840.

Souhaitons que l'avenir se souvienne et suive cette noble tradition du respect des morts, de ceux-là surtout qui ont payé de leur vie la défense de la patrie contre les mutilations de l'étranger.

PIÈCES JUSTIFICATIVES

I

Proposition faite par Lenoir de transporter les restes de Turenne au Musée des Monuments français (1).

Paris, le 16 thermidor (3 avril 1796) an IV de la République.

Demandes adressées par moi au Directoire exécutif et au Ministre de l'Intérieur pour faire retirer du cabinet du Jardin des Plantes le corps de Turenne, qui y était placé auprès des momies égyptiennes et des Gonanches.

Je propose de faire transporter les restes de ce grand général au Musée des Monuments français et de le déposer dans son tombeau, qui y est placé et restauré.

II

Lettre de Beaumarchais sur la translation des restes de Turenne (2).

Paris, ce 26 brumaire (16 novembre 1798) an VII.

Dans l'incertitude où je suis, citoyen, si vous avez vu la manière dont j'ai rempli la promesse que je vous avais faite, tant au sujet du tombeau de Turenne que l'espèce de leçon que méritent ceux qui jalousent et font retarder les progrès de votre beau muséum, je vous préviens que le journal nommé la *Clef du cabinet des souverains,* fait par le citoyen Panckouke, a inséré dans la feuille du 21 brumaire une lettre de moi au Ministre de l'Intérieur, où j'ai tâché de

---

(1) Lenoir, *Archives du Musée des Monuments français,* t. II, p. 316.
(2) *Id.,* t. II, p. 326.

recueillir tout ce qu'un homme sensé peut se permettre pour concourir à un but aussi honorable que le vôtre, sans augmenter le nombre de vos ennemis qui se cachent.

Le 25 brumaire, une réponse à mon article a paru dans la même feuille; elle est d'un homme pénétré du même sentiment que moi, pour qu'on remette à sa vraie place le corps vénéré de Turenne.

Je désire savoir de vous si vous espérez qu'ils produisent l'effet que je m'en suis promis et si l'on a fait quelque chose.

Salut, estime fraternelle.

BEAUMARCHAIS.

III

Autorisation de transporter les restes de Molière, La Fontaine et Turenne au Musée des Monuments français (1).

Le 27 germinal (16 avril 1799) an VII.

Le Directoire exécutif arrête que les corps de Turenne, de Molière et de La Fontaine seront transportés au jardin du Musée des Monuments français et placés chacun provisoirement dans un sarcophage préparé à cet effet.

Le Ministre de l'intérieur est chargé de l'exécution du présent arrêté.

Signé : *Les membres composant le directoire exécutif,*

LA RÉVEILLÈRE-LEPEAUX, REBWEL, BARRAS,
MERLIN DE DOUAI, TREILHARD.

IV

Instructions relatives au transport des restes de Molière, La Fontaine et Turenne (2).

Paris, le 15 floréal (4 mai 1799) an VII.

Le Ministre de l'intérieur au citoyen Lenoir.

Citoyen, j'ai accueilli avec tout l'intérêt qu'il inspire le programme de la translation des corps de Turenne, de Molière et de La Fontaine,

---

(1) *Arch. loc.* cit., t. I, p. 141.
(2) *Id.,* t. Ier, p. 141.

ainsi que le projet de leur ériger des tombeaux provisoires dans le jardin du Musée des Monuments. français. Sans doute, le gouvernement doit s'empresser d'acquitter envers la vertu, le génie, la philosophie, la dette de la reconnaissance nationale et de la vénération publique; mais ce n'est point dans les circonstances pénibles et lorsque les besoins de l'Etat exigent la plus sévère économie que l'on peut songer à des fêtes particulières et donner à cette translation tout l'éclat et toute la solennité qu'elle recevrait dans des temps plus heureux. Je vous charge donc de faire transporter sans pompe ces restes respectables et précieux dans le Musée des Monuments français. C'est là que les hommages publics et la vénération nationale consoleront les mânes de ces grands hommes de l'injustice qui pesa sur leur vie et des outrages qu'ils essuyèrent après leur mort. Je vous invite à caractériser chaque tombeau par des attributs symboliques des vertus et du génie du grand homme auquel il sera consacré. Il me paraît très inutile de construire un nouveau tombeau pour recevoir le corps de Turenne ; vous le déposerez dans le superbe monument destiné à cet usage et qui embellit dans votre Musée la galerie du xviiᵉ siècle.

Salut et fraternité.

François DE NEUFCHATEAU.

.

V

Lettre du citoyen Alexandre Lenoir, administrateur du Musée des Monuments français au Ministre de l'Intérieur (1).

Paris, le 3 prairial (22 mai 1799) an VII.

Citoyen Ministre, conformément à la lettre du 15 floréal dernier que vous avez bien voulu m'écrire, par laquelle il vous plait de m'autoriser, d'après l'arrêté du Directoire exécutif du 27 germinal dernier (16 avril), à faire transporter du Jardin des Plantes au Musée des Monuments français le corps de Turenne, resté dans l'amphithéâtre de cet établissement depuis son exhumation des caveaux de Saint-Denis, j'ai fait connaître vos intentions à l'administration de ce muséum et je l'ai invité à m'indiquer l'heure et le jour qui lui conviendraient le mieux pour effectuer ce transport.

Citoyen Ministre, il résulte de ma demande que l'administration du

---

(1) *Arch.*, loc. cit., t. II, p. 416.

── 41 ──

Jardin des Plantes désire recevoir de vous-même l'invitation officielle
pour faire la remise dont il s'agit, et elle attend cette pièce pour
remplir vos intentions à cet égard.

Salut et respect.

Alexandre Lenoir.

VI

**Lettre de l'administration du Muséum d'histoire naturelle au citoyen
Lenoir, administrateur et conservateur du Musée des Monuments
français (1).**

Paris, le 22 prairial (10 juin 1799) an VII.

Le Directeur du Muséum d'histoire naturelle.

J'ai l'honneur de vous prévenir, citoyen, que, d'après la notifica-
tion de l'arrêté du Directoire qui ordonne le transport du corps de
Turenne dans l'établissement que vous dirigez, l'administration du
Muséum m'a chargé de vous remettre ce corps. Notre intention étant
de faire ce transport sans appareil, je présume que vous prendrez
pour cela les premières ou les dernières heures de la journée. Je ne
sortirai pas demain avant 10 heures du matin, et je serai encore
rentré le soir à 6 heures. Vous choisirez le moment et la manière.
Mon unique affaire sera de vous remettre le cercueil sur votre récépissé, et je saisirai volontiers cette occasion de vous réitérer l'assu-
rance des sentiments que vous inspirez à ceux qui vous connaissent
et à ceux qui, en visitant vos monuments, savent apprécier les soins
que vous prenez pour leur conservation et leur belle distribution.

Salut et fraternité.

Signé : Jussieu.

VII

**Procès-verbal de translation des cendres de Turenne du Muséum
d'histoire naturelle au Musée des Monuments français (1).**

L'an VII de la République française une et indivisible, et le quar-
tidi vingt-quatre prairial (2), nous, Alexandre Lenoir, administrateur

---

(1) *Arch.*, loc. cit., t. II, p. 417.

(2) *Id.*, loc. cit., t. II, p. 378.

Turenne.   3.

du Musée national des Monuments français, y demeurant, rue de
Petits-Augustins, division de l'Unité, et Pierre-Claude Binart, sous
conservateur dudit Musée, chargés par le Ministre de l'intérieur de
l'exécution de l'arrêté dn Directoire exécutif du 27 germinal dernier
qui ordonne la translation du corps de Turenne, déposé au Musée
national des plantes et d'histoire naturelle audit Musée des Monuments français,

Désirant mettre à exécution ledit arrêté et retirer les restes d'un
guerrier recommandable par ses vertus civiques d'un lieu où ils sont
confondus avec des objets de curiosité publique, avons invité et
appelé auprès de nous les citoyens Ambroise, Robert Le Sieur et
Augustin-Jean Le Sieur, frères jumeaux, citoyens de Paris, y demeurant, rue de la Colombe, division de la Cité, qui nous avaient accompagné pour la translation des cendres de Molière et de La Fontaine, à
l'effet de nous concerter sur les moyens d'effectuer le transport du
corps de ce héros, en nous conformant aux intentions du Ministre de
l'intérieur pour qu'il ne soit pas fait ostensiblement.

Les citoyens susdits et soussignés s'étant rendus à notre invitation,
nous leur fîmes connaître notre désir de mettre à exécution, sans
délai ledit arrêté susdaté, et, nous étant concertés sur les moyens
de parvenir à ce but, nous convînmes que l'un de nous se rendrait
auprès du citoyen Alexandre Berthier, chef de brigade, directeur d'artillerie par intérim de l'arsenal de Paris, pour l'inviter à nous procurer une voiture couverte, attelée de deux chevaux. En conséquence,
l'un de nous s'étant transporté audit arsenal de Paris, il y trouva le
citoyen Berthier, auquel il exposa que, par l'arrêté du Directoire exécutif précité, ordonnant la translation du corps de Turenne déposé au
Jardin national des plantes audit Musée des Monuments français, il
était invité à nous procurer une voiture couverte pour effectuer cette
translation ; ce que ledit citoyen Berthier accueillit avec empresse-
ment, en nous témoignant la satisfaction qu'il éprouvait de pouvoir
seconder nos vœux à l'égard d'un guerrier dont il respectait la mémoire.

Ayant choisi lui-même ladite voiture et donné les ordres pour
qu'elle soit mise à notre disposition à l'heure que nous jugerions
convenable, nous nous retirâmes pour nous rendre audit Musée des
Monuments français, où, nous étant réunis, nous indiquâmes l'heure
de 6 heures du soir.

En conséquence, sur les 6 heures du soir, l'un de nous s'étant
transporté à l'arsenal de Paris pour y prendre la voiture mise à notre
disposition se rendit de suite au Jardin des Plantes, où nous trouvâ-
mes le citoyen Lenoir, qui nous avait devancés et qui était accompagné des citoyens Michel-Pierre Sauvé, et Pierre-Louis Sauvé employés
audit Musée des Monuments français, et, nous étant encore réunis,

l'un de nous observa que la remise du corps de Turenne ne pouvait nous être faite que, préalablement, nous n'ayons obtenu l'autorisation du conservateur du Musée d'histoire naturelle et des plantes, qui en était dépositaire ; qu'en conséquence, il convenait que le citoyen Lenoir, l'un de nous, se rendit auprès de cette administration pour obtenir cette autorisation en vertu des pouvoirs dont il était revêtu. Le citoyen Lenoir s'étant de suite transporté auprès dudit conservatoire, nous attendimes son retour, qui eut lieu sur les 8 heures du soir, où il nous rejoignit porteur de l'autorisation nécessaire. Et, nous étant fait donner connaissance du lieu où étaient déposés les restes de Turenne, nous fûmes introduits dans un local attenant l'amphithéâtre, servant de laboratoire, au milieu duquel était posée sur une estrade de bois peinte en granit, une caisse en forme de cercueil, aussi de bois peint, vitrée par-dessus de la longueur de 197 millimètres, dans laquelle on nous a déclaré que le corps de Turenne était renfermé. Nous remarquâmes, en effet, au travers du vitrage qui couvrait ce cercueil, un corps étendu, enveloppé d'un linceul, lequel avait été déchiré et découvrait la tête jusqu'à l'estomac; ce qui nous ayant porté à le considérer plus attentivement, il nous parut que ce corps avait été embaumé avec soin dans toutes ses parties, ce qui en avait conservé toutes les formes; le crâne avait été coupé et remplacé ou recouvert d'une calotte de bois de la même forme, mais excédant dans sa circonférence toutes les formes du visage. Ces formes ne nous parurent pas tellement altérées que nous ne pûmes reconnaître les traits que le marbre nous a transmis de ce grand homme. Il restait encore des effets du funeste coup qui l'enleva au milieu de ses triomphes et qui lui causa sans doute une violente convulsion dans la figure, ainsi qu'il nous a paru par l'état de la bouche extrêmement ouverte ; et, continuant à considérer ces respectables restes, nous aperçûmes qu'il avait les bras étendus de chaque côté du corps et les mains croisées sur la région du ventre. Le reste était enveloppé du linceul et offrait les formes ordinaires. Sur le côté du cercueil était attachée une inscription gravée sur une plaque de cuivre qui paraît être celle qui avait été placée sur l'ancien cercueil où ce corps avait été renfermé, sur laquelle nous lûmes ce qui suit :

« Ici est le corps de sérénissime prince Henri de la Tour d'Auvergne vicomte de Turenne, maréchal général des camps et armées du Roi, colonel général de la cavalerie légère de France, gouverneur du haut et du bas Limosin, lequel fut tué d'un coup de canon, le XXVII juillet, l'an M. D. C. LXXV. »

Après avoir considéré avec respect ces restes d'un guerrier célèbre, le citoyen Lenoir, l'un de nous, ayant fait transporter ledit cercueil dans la voiture que nous avions amenée à cet effet, deux d'entre nous, d'après l'invitation du citoyen Lenoir, accompagnâmes ces vénérables dépouilles audit Musée des Monuments français, où, étant déposées dans une pièce particulière, hors des regards publics, jusqu'à ce que le monument où elles doivent être renfermées fût préparé, nous nous retirâmes.

De tout ce que dessus et pour en conserver la mémoire, nous avons dressé le présent procès-verbal, que nous avons signé lesdits jour et an.

Signé : Berthier, chef de brigade d'artillerie ;
Lenoir, Binart, Sauvé aîné, P. Sauvé,
A.-J. Lesieur, A.-R. Lesieur.

Et le vingt-deux messidor de l'an VII de la République, sur les 11 heures du matin, nous, administrateur et sous-conservateur susdits et soussignés, ayant fait ériger le monument qui doit renfermer les restes de Turenne et y ayant fait pratiquer à cet effet une concavité de 171 millimètres de longueur, avons fait retirer ledit cercueil du lieu où nous l'avions fait d'abord déposer, duquel nous fîmes enlever le vitrage qui y avait été placé, et dans l'intérieur y fîmes placer cette inscription sur une plaque de cuivre :

« Les restes de Henri de la Tour, vicomte de Turenne, tué d'un coup de canon, le 27 juillet 1675, à 64 ans, près le village de Salzback, exhumés en 1793 de l'abbaye de Saint-Denis où ils avaient été enterrés, ont été recueillis par les soins d'Alexandre Lenoir, fondateur du Musée des Monuments français et déposés dans le sarcophage qu'il a fait exécuter sur ses dessins par arrêté du Directoire exécutif, l'an VII de la République française une et indivisible. »

Ce qui étant exécuté, nous fîmes à l'instant couvrir ledit cercueil d'une planche de chêne, laquelle étant scellée et l'inscription rapportée au procès-verbal de l'autre part y ayant été replacée, nous, susdits administrateur et sous-conservateur, avons fait transporter ledit cercueil au lieu où était érigé le monument, où, étant arrivés, nous le fîmes, en notre présence, placer dans le sarcophage par lesdits citoyens Sauvé frères, auquel dépôt assistait ledit citoyen Ambroise-Robert Lesieur et Jean Paché, ouvrier audit Musée, et, aussitôt, nous, soussignés, fîmes poser et sceller sur-le-champ le couronnement qui termine le monument.

De tout ce que dessus avons dressé le présent procès-verbal, lesdits jour et an que dessus, pour constater l'exécution de l'arrêté du Directoire exécutif et pour laisser un monument de notre vénération pour la mémoire de Turenne :

Signé : Lenoir, A.-R. Lesieur, Binart, Paché,
Sauvé aîné et P. Sauvé.

VIII

Observations présentées par Alexandre Lenoir au général Bonaparte, consul, sur le projet de transport de la dépouille mortelle du tombeau de Turenne du Musée des Monuments français au temple de Mars.

Au général Bonaparte, consul de la République française.

Général et consul,

Une commission vient d'être nommée par vous pour diriger l'érection des monuments qui peuvent décorer nos palais nationaux et nos places publiques. Nommer les membres qui composent cette commission, c'est couronner d'avance leurs travaux.

Instruit que cette commission se propose de faire transporter dans l'intérieur du dôme de l'hôtel de Mars (ci-devant les Invalides) le corps et le monument de Turenne, qui décorent aujourd'hui le Musée des Monuments français, permettez-moi sur ce projet quelques observations que je crois dignes de vous être présentées.

PREMIÈRE OBSERVATION

L'exhumation de Turenne eut lieu en 1793 ; il fut trouvé dans un tel état que ses traits n'étaient point altérés. Je le vis à cette époque ; mais, abandonné sans soin pendant plus de deux mois aux regards des curieux, il fut bientôt réduit au triste état d'une momie sèche, ce qui donna lieu à l'administration du Jardin des Plantes de le réclamer pour faire des expériences. Le 19 germinal de l'an VII, le Directoire exécutif, voulant que les restes de ce guerrier respectable fussent déposés dans un lieu plus décent, un arrêté fut pris par lequel le corps du Turenne serait mis à ma disposition et placé dans un sarcophage particulier dans le jardin élysée du Musée des Monuments français ; le Ministre de l'intérieur m'autorisa de suite à l'exécution de l'arrêté du Directoire. Je fis élever le sarcophage sur mes dessins et le corps y fut déposé. Des trophées de guerre, des chênes et des cyprès accompagnent ce monument funèbre.

Si l'on enlève le corps de Turenne au Musée des Monuments français, les dépenses faites pour le monument seront nulles et entièrement perdues.

Il serait possible, Général, de ne rien changer au Musée et de faire

transporter dès ce moment dans l'hôtel de Mars les restes des géné
raux distingués et morts pour la chose publique. Là, ils vivraien
encore dans l'esprit de leurs compagnons d'armes et recevraient l
repos au pied de l'autel du Dieu de la guerre. Ne cherchons poin
des héros dans les siècles passés, l'occasion est trop belle, et hono
rons ceux qui ont perdu la vie en défendant la liberté.

DEUXIÈME OBSERVATION

Le monument de Turenne, qui avait été érigé à Saint-Denis, es
définitivement placé dans le musée que je dirige et à demeure. Je l'a
sauvé de la destruction, restauré, et il décore la salle du xviie siècle
Ce monument, adossé contre un mur qui en soutient un autre,
déjà beaucoup coûté, tant pour son déplacement primitif que pou
sa restauration; il est composé d'un groupe colossal et de deu
figures de même proportion, d'un bas-relief et d'un piédestal immense
il ne peut que souffrir dans le déplacement; les restaurations déj
faites seront perdues; les frais de transport et de placement, su
lesquels il est encore dû environ 3,000 francs (quoiqu'il y ait plu
de trois ans qu'il soit placé), seront également perdus. Pourron
coûter le transport et pour le remonter aux Invalides, environ
10,000. Avec cette somme, on ferait exécuter une statue de Turenne
en marbre; on ne toucherait pas à un musée qui a obtenu des succès
et l'approbation générale des artistes et des amis de l'art; on ne
perdrait pas une somme de 10,000 francs, et enfin il en résulterai
un bien, puisqu'en laissant les choses comme elles sont, on ferai
travailler un artiste de mérite et que la République gagnerait un
chef-d'œuvre de plus.
J'ose dire le mot, je crois que ce monument serait déplacé dans le
temple de Mars. Ce monument représente Turenne mourant, et je
pense que cette attitude n'est pas celle que doit prendre un héros
auprès du Dieu de la guerre. Ce n'est pas ainsi que nos artistes célèbres, David et Moitte, eussent représenté le vainqueur de Turkeim
cette erreur est celle du siècle qui nous a précédés, et ce sont des
oppositions précieuses que l'on trouve avec plaisir dans le Musée des
Monuments français.
C'est à vous, Général, à juger s'il convient de dépouiller les musées
consacrés à l'instruction publique; s'il convient de déplacer des
monuments considérables, dont les frais de déplacement, de transpor
et de construction coûteraient autant, j'ose dire plus, qu'un monument d'une composition nouvelle et propre au local et au caractère
du lieu que l'on cherche à décorer, et qui ne peut ressembler ni à
musée, ni à un tombeau.

Que deviendront nos artistes si on ne les occupe ?

Depuis 1790, je m'occupe de la réunion des monuments français, monuments qui m'ont exposé plus d'une fois, dont on se plaît à perdre le souvenir. La Convention a respecté le Musée des Monuments français ; son comité d'instruction publique a adopté mes projets et mes plans sur l'établissement que je désirais former dans la capitale du monde, en lui donnant un titre et un caractère vraiment national. J'ai sauvé de la destruction plus de cinq cents monuments et déjà je montre quatre siècles entièrement terminés. Et c'est à force de recherches, de sollicitude et d'économie dans la gestion de mes fonds que je suis parvenu à en faire jouir le public. Si vous daignez venir à mon secours, la cinquième salle s'ouvrira sous vos auspices avec la rapidité qui convient à vos goûts.

Non, Général, il n'entre point dans vos vues de dépouiller mon musée après dix années de travaux et de m'enlever le fruit de mes veilles ; faites-moi l'honneur de visiter mon établissement et vous jugerez par vous-même de la vérité de ma proposition.

Dépouillons-nous de tout esprit versatile et de désorganisation ; réédifions au lieu de détruire. Conservons dans les temples consacrés aux arts (les musées) les monuments qui y servent à l'instruction et qui seraient perdus pour elle si on les transportait ailleurs ; saisissons avec transport le système régénérateur et conservateur que vous avez apporte aux Français du fond de l'Egypte ; appliquons-le aux beaux-arts : elevous dans nos places publiques des monuments nouveaux a a! oire nationale ; tirons de leurs ateliers les artistes habiles, consumés depuis longtemps par l'inaction, et dont les bras se sont engourdis dans le repos.

C'est à vous, Général, vainqueur de l'Italie et de l'Orient, qu'était réservé l'honneur de régénérer la République et de verser dans le Trésor national l'aliment nécessaire au commerce, aux sciences et aux arts. Déjà l'espérance renait et la gaîté se peint sur tous les visages.

Les artistes David, Percier et Fontaine, que vous avez honorés de votre confiance et qui travaillent à la décoration du temple de Mars, sentiront comme moi combien il serait impolitique de toucher aux musées consacrés à l'instruction, et ils conviendront sans doute que c'est le lieu où doivent se placer les statues des héros français qui se sont distingués dans les combats, mais qu'ils doivent être représentés debout dans une attitude peignant la victoire ; et certes, il ne conviendrait pas de représenter Du Guesclin, Bayard, Villars et Turenne couchés mollement sur un lit comme on voit le cardinal de Richelieu.

On pourrait encore faire exécuter pour les niches qui se trouvent toutes faites les statues des généraux qui se sont distingués dans la

Révolution française, tels que Hoche, Marceau, Joubert, etc.; c'est là que l'on verrait des citoyens guerriers admirer ces images intéressantes, embrasser encore la statue de Mars dans un vigoureux enthousiasme, et le laurier croître de ces tiges frêles remplaçant des membres moissonnés pour la liberté.

CONCLUSION

D'après ces considérations, j'ose, Consul et Général, vous demander :

1° Qu'il ne soit point statué sur le déplacement du monument de Turenne qui orne le Musée des Monuments français;

2° Je réclame également de votre amour pour les arts que les musées en général soient respectés et conservés dans leur intégrité par les artistes chargés des fêtes nationales ou de décorer les places publiques et les palais nationaux.

Cette décision me paraît digne de votre justice.

Salut et respect.

A. LENOIR.

Ce 18 fructidor an VIII (5 septembre 1800).

IX

Ordre donné à Alexandre Lenoir de livrer le tombeau de Turenne aux citoyens Chalgrin et Peyre pour être transporté au temple de Mars (1).

LIBERTÉ, EGALITÉ.

Paris, le 21 fructidor (8 septembre 1800)
an VIII de la République française.

Le Ministre de l'intérieur au citoyen Lenoir, conservateur du Musée des Monuments français.

Un des articles du programme de la fête de la République porte, citoyen, que le tombeau de Turenne doit être transféré au temple de Mars.

------

(1) *Arch.* loc. cit., t. I, p. 193.

En conséquence, je vous invite à remettre ce monument aux citoyens Chalgrin et Peyre, que j'ai chargés de la translation.

Le corps de Turenne sera transféré le dernier jour complémentaire, avec une grande solennité, de votre Musée au temple de Mars.

Comme vous êtes un de ceux qui ont contribué à conserver ces restes précieux, j'ai décidé que vous seriez particulièrement invité à la cérémonie et admis dans le cortège.

Je vous salue.

Lucien BONAPARTE.

X

Lettre du citoyen Duquesnoy, commissaire près le Ministre de l'intérieur, à M. Alexandre Lenoir (1).

Paris, le 24 fructidor an VIII.

J'ai fait part au Ministre de l'offre du citoyen Bouillon; il lui écrira pour l'en remercier et lui dire qu'il l'accepte. Il me charge de vous remercier, citoyen, et de vous dire que le tout vous sera fidèlement remis après la cérémonie. D'ailleurs, il n'y a pas le moindre inconvénient de vous rendre responsable, auprès du citoyen Bouillon, de tous ces précieux monuments de la gloire de Turenne, puisque vous ne les perdrez pas de vue un seul instant.

J'ai l'honneur de vous saluer avec une parfaite et profonde estime, citoyen.

Signé : Ad. DUQUESNOY.

XI

Lettre du duc de Bouillon à Alexandre Lenoir (2).

On m'a rendu compte, Monsieur, de la cérémonie qui vient de se faire en l'honneur de mon grand-oncle, le maréchal de Turenne, et à laquelle vous avez contribué.

J'ai été extrêmement touché de la manière décente et pleine de profond et ineffaçable respect que les bons Français ont porté à la

---

(1) *Arch.*, loc. cit., t. II, p. 417.
(2) Id., loc. cit. t. II, p. 419.

mémoire du plus incomparable comme du plus respectable des hommes. Dix mille ans peuvent à peine en compter dix de ce mérite.

C'est pour vous témoigner ma reconnaissance, Monsieur, que je vous écris cette lettre. En même temps, trouvez bon que je vous redemande l'épée de M. de Turenne, que je porte souvent; cette épée, ainsi que le boulet qui l'a frappé, et que je vous ai prêtés pour cette cérémonie, sont tout ce que je possède d'authentique de cet illustre maréchal.

Je ne puis vous exprimer combien est grand le prix que j'attache à cette arme, qui fut si utile à la France, et au fatal boulet qui l'a privée de son appui. Je vous ai livré l'un et l'autre avec la confiance qui vous est due et sur votre simple demande.

Monsieur, recevez mes remerciements pour tous les soins que vous avez mis à conserver dignement les restes de mon grand-oncle, ainsi que la dignité que vous avez donnée à la pompe qui a eu lieu chez vous au moment de sa translation à l'église des Invalides.

Duc DE BOUILLON.

FIN

Paris et Limoges. — Impr. milit. Henri CHARLES-LAVAUZELLE.